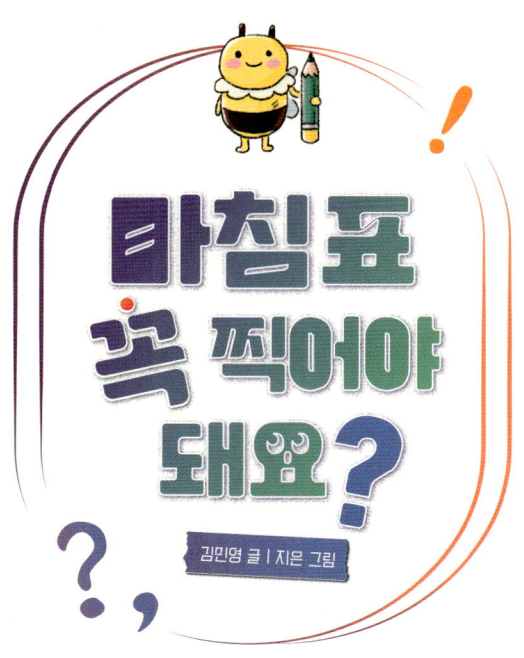

 차례

1장

물음표와 함께 출발해요
기호와 문장 부호

1. 기호란 무엇일까? **8**
2. 문장 부호란 무엇일까? **10**
3. 문장 부호는 왜 쓰는 걸까? **12**
4. 문장 부호는 언제부터 쓰기 시작했을까? **14**

2장
느낌표를 발견해요
문장 부호 나라로

5. 문장이 끝나면 마침표 **18**
6. 궁금하면 물음표 **22**
7. 감탄하면 느낌표 **24**
8. 짧게 쉬어 갈 땐 쉼표 **26**
9. 나열할 때는 가운뎃점 **30**
10. 설명을 붙일 때는 쌍점 **32**
11. 대비되는 말을 묶을 땐 빗금 **34**
12. 소리 내어 말할 땐 큰따옴표 **36**
13. 속마음을 표현한 말엔 작은따옴표 **38**
14. 내용을 덧붙일 땐 소괄호 **40**
15. 내용을 묶을 땐 중괄호, 대괄호 **42**
16. 제목을 표시할 땐 낫표, 화살괄호 **44**
17. 제목을 덧붙일 땐 줄표 **46**
18. 순서대로 나열할 땐 붙임표 **48**
19. 기간·거리·범위 표시엔 물결표 **50**
20. 강조하고 싶을 땐 드러냄표와 밑줄 **52**
21. 숨겨야 할 글자엔 숨김표 **54**
22. 자리를 비워 둘 땐 빠짐표 **56**
23. 말을 잇지 못할 땐 줄임표 **58**
24. 문장 부호는 아니지만 자주 쓰는 부호 **60**

3장
쉼표 찍듯, 여행해요
온라인 오프라인 기호의 세계

25. @는 무슨 뜻이야? **64**
26. 기분을 나타내는 기호 이모티콘 **66**
27. 이모티콘보다 정교한 이모지 **68**
28. 지도 기호 따라 지도 읽기 **70**
29. 지구와 생태를 사랑하는 기호 **72**
30. 별자리를 나타내는 기호 **74**
31. 단위를 나타내는 기호 **76**
32. 점자에 담아내는 세상 **78**

4장
마침표를 꾹 찍어요
올바르게 문장 부호 쓰기

33. 문장 부호에 알맞게 띄어 읽기 **82**
34. 연필 들고 문장 부호 바르게 쓰기 **84**
35. 지우개 대신 교정 부호로 글다듬기 **88**
36. 글을 다듬으며 생각 표현하기 **90**

작가의 말 **94**

부록
문장 부호 한눈에 보기 **96**
교정 부호 한눈에 보기 **98**
띄어 읽기 기호 한눈에 보기 **99**

*책의 구성

1장
물음표와 함께 출발해요
기호와 문장 부호

1. 기호란 무엇일까?

즐거운 등굣길! 그런데 밤새 무슨 일이 있었나?
학교 앞 횡단보도에 노란 발자국 기호가 생겼네!

얘들아, 잠깐만.
이 노란 발자국은 우선 멈춰서
좌우를 보란 뜻이야.

이제 노란 발자국 앞에서
잠시 멈출게요.

기호를 주의깊게 보고
그 의미를 잘 알아야겠네.

명칭: 기호

기호는 간단한 그림으로 뜻을 전달하는 거야.
이건 사회적으로 사람들끼리 정한 약속이야.
그래서 사람들은 같은 기호를 보면 같은 뜻을
떠올릴 수 있어.

"우리, 통했네!"

이 세상은 기호로 가득해. 픽토그램은 교통 안내판이나 표지판처럼
사물이나 시설 이용, 주의 사항 등을 누구나 쉽게 알아볼 수 있도록
단순화해서 나타낸 그림 문자야. 이모티콘은 컴퓨터나 휴대 전화
등의 전자 매체에서 문자와 기호, 숫자 등을 조합해 감정을
표현하는 그림 문자지.(이모티콘은 66쪽 참고)
문장에는 문장 부호, 악보에는 악상 기호, 지도에는 지도 기호,
수학에는 수식 기호가 있어.

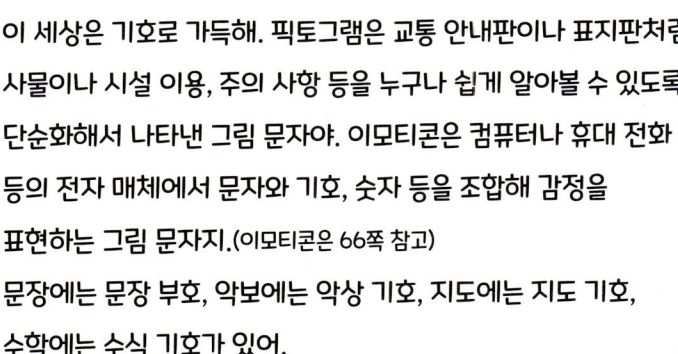

2. 문장 부호란 무엇일까?

지난 받아쓰기 시험 때, 마침표를 안 찍어서 틀린 게 반이야. 너무 속상했어. 그러고 나니, 세상 모든 게 문장 부호로 보이는 거야.

명칭: 문장 부호

문장 부호는 호흡이야! 어떻게 숨 쉬는가에 따라 문장 부호가 달라지지. 문장이 끝났다는 뜻의 '마침표', 쉬어 감을 나타내는 '쉼표', 물음을 의미하는 '물음표', 놀람이나 감탄, 부름 등을 표현하는 '느낌표' 등이 있어.

내 점이 마침표처럼 보이네?

문장 부호 때문에 스트레스를 너무 많이 받았나?

그냥 점일 뿐인데, 마침표를 꼭 찍어야 하나?

3. 문장 부호는 왜 쓰는 걸까?

드디어 1교시. 받아쓰기 시간이야. 문장 부호가 아직도 눈앞에 핑그르르…. 오늘은 잘할 수 있겠지?

문장 부호는 의미를 올바르게 전달하기 위해 쓰는 거야. 문장이 끝났는지, 묻는 말인지, 감탄하는 말인지 알 수 있도록 말이야. 글을 읽고 이해하는 데 매우 도움이 되지.

마침표와 느낌표의 차이를 비교해 볼까?
하늘이 참 맑다.
하늘이 참 맑다!
마침표가 차분한 끝맺음이라면 느낌표는 감탄하는 게 느껴지지!

 문장 부호가 없으면 어떤 느낌이 들까?
내 이름은 지민이야 어쩌면 너는 그렇게 발표를 잘하니 너 정말 멋지다

문장 부호가 있어야 의미를 더 정확하고 생생하게 전달할 수 있어.
내 이름은 지민이야. 어쩌면 너는 그렇게 발표를 잘하니? 너 정말 멋지다!

4. 문장 부호는 언제부터 쓰기 시작했을까?

세 번째 받아쓰기. 오늘은 좀 더 잘할 수 있겠지! 문장 부호는 내가 다 정복할 테야! 근데, 문장 부호는 언제부터 쓰기 시작한 거지? 누가 만든 거야?

처음으로 문장 부호가 쓰인 우리 책은 바로 1446년에 세종대왕이 반포한 《훈민정음》이야. 당시에는 문장 부호가 두 가지 있었어. 오른쪽 아래에 찍는 마침표인 구점(.)과 글자들 사이에 찍는 쉼표인 두점(ㅇ). 한자 문화권에서는 본래 글에 문장 부호를 쓰지 않았어. 한글의 문장 부호는 한자 문화권의 영향을 받다가 나중에 서양의 문장 부호를 받아들였어.

'고맙습니다' 하고 문장을 마칠 때는 마침표(.) 꾹. "고맙습니다."

'깜짝이야' 하고 놀랐을 때는 느낌표(!) 꾹. "깜짝이야!"

'그게 뭐예요'라고 물을 때는 물음표(?) 꾹. "그게 뭐예요?"

2장
느낌표를 발견해요
문장 부호 나라로

5. 문장이 끝나면 마침표

우린 문장 부호 나라로 떠나 보기로 했어. 하나씩 새로운 친구들을 만나 보자. 첫 번째 친구는 마침표! 가장 많이 쓰일걸.

명칭: 마침표 *'온점'이라고도 부른다.
표기: .

마침표는 문장을 끝맺을 때 쓰는 문장 부호야. 문장이 끝났다는 것을 알려 주는 부호니까 한 문장이 평서문, 명령문, 청유문 등으로 끝나면 반드시 마침표를 찍어 줘야 해.

넌 봄날의 햇살 같다.

내 손을 꼭 잡아라.

같이 놀자.

마침표는 아라비아 숫자만으로 연월일을 표시할 때도 사용해.
2024. 5. 5.(2024년 5월 5일)
간혹 '2024. 5. 5'까지만 쓰는 경우가 있어. 그런데 마지막에 마침표를 찍지 않으면 '2024년 5월 5'까지만 쓴 것이 되므로, 마지막에도 '일' 대신 마침표를 꼭 찍어야 해.

특정한 의미가 있는 날을 표시할 때 월과 일을 나타내는 숫자 사이에 쓰기도 해.
3.1 운동
8.15 광복

제목에는 마침표를 쓰지 않는 게 원칙이야.
물음표나 느낌표도 제목에는 보통 생략해.
다만 의미상 꼭 필요하다고 판단될 때에는
예외적으로 마침표나 물음표, 느낌표를
쓸 수도 있어.
네가 읽는 책 제목에는 어떻게 표기되어
있는지 한번 볼까?

예전에는 '마침표'가 문장 끝에 쓰이는 온점(.), 물음표(?), 느낌표(!) 등을
아울러 이르는 말이었어. 그런데 실제 언어생활에서 '온점'이라는 용어는
잘 쓰이지 않고 '마침표'가 부호 '.'를 가리키는 말로 널리 쓰여 왔지.
이러한 현실을 반영해 2014년 12월, 부호 '.'를 가리키는 용어로
'마침표'를 인정했어. 그리고 '온점'이라는 용어도 그대로 쓸 수 있도록 했지.
두 가지 이름 모두 쓸 수 있지만, 우린 '마침표'라 불러 볼까?

6. 궁금하면 물음표

갸우뚱갸우뚱 고개를 움직이는 친구 귀가 꼭 물음표처럼 보여. 궁금해서 귀를 기울이는 사람의 귀를 닮은 물음표, 물음표는 어떻게 생겨났을까?

지민아, 물음표가 꼭 사람 귀랑 닮은 것 같지 않아?

오, 정말 그렇네!

예전에 물음표가 없었을 때 '~을 찾는'이란 뜻의 라틴어 quaestio(퀘스티오)를 줄여서 qo를 위아래로 붙였대. 그 모양이 변해서 지금의 물음표가 된 게 아닐까 추측한다고 해.

맞다. 로댕의 '생각하는 사람' 옆모습도 물음표와 닮았다는 얘기를 어디서 들은 적이 있어.

명칭: 물음표
표기: ?

물음표란, 의문을 나타내는 문장 끝에 쓰는 문장 부호야. 말로 질문할 땐 억양을 올리잖아? 글에서는 문장 끝에 물음표를 붙여서 이게 질문임을 정확히 알려 주는 거야.

한 문장 안에 선택할 수 있는 여러 질문들이 이어질 때는 맨 끝에만 물음표를 써.
너는 초등학생이야, 중학생이야?

그런데 각 질문이 독립적일 때는 각 질문 뒤에 모두 쓰면 돼.
너는 언제 왔어? 어디서 왔어? 무엇을 하러 왔어?

의심, 빈정거림 등을 표현할 때, 또는 적절한 말을 쓰기 어려울 때는 소괄호 안에 물음표를 써서 구구절절한 설명 없이도 감정을 표현할 수 있어.
30점이라. 정말 훌륭한(?) 성적이네.
주말 내내 스마트폰만 보는 너도 참 대단(?)하다.

7. 감탄하면 느낌표

 난 느낌표가 제일 좋아! 막 적극적이고 힘찬 느낌이 들잖아! 근데 마음이 바쁠 때 느낌표로 재촉하면 무척 조급해지기도 해.

놓치지 마세요!
마지막 기회!

이게 뭐야?

아, 게임 아이템 한정 판매 한대.

잠깐만. 충동구매는 하지 말자.

느낌표 좀 봐. 빨리 사라고 소리를 지르는 것 같아.

어떡하지? 당장 사야 할 것 같아.

명칭: 느낌표
표기: !

느낌표란, 감탄형 문장의 끝에 쓰는 문장 부호야.
감탄사 끝에도 느낌표를 써.

강한 느낌을 표현하는 평서문, 명령문, 청유문 끝에 써.

이야, 정말 재밌다!(평서문)

어서 달려라!(명령문)

앞만 보고 가자!(청유문)

묻는 형식을 써서 놀람이나 항의를 나타낼 수도 있어.

 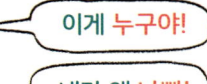 

이게 누구야!

내가 왜 나빠!

감정을 넣어 대답하거나,

네!

다른 사람을 부를 때도 느낌표를 쓸 수 있지.

아빠!

8. 짧게 쉬어 갈 땐 쉼표

여기 와 봐. 쉼표가 가득 있어! 마침표에다가 꼬리를 붙여 둔 것 같은, 귀여운 쉼표들의 세상이야.

명칭: 쉼표 *'반점'이라고도 부른다.

표기: ,

문장 안에서 같은 자격의 어구(말의 마디나 구절)가 연이어 나올 때, 각 어구들 사이에 쉼표를 써. 쉼표로 연결되는 어구에는 단어가 있을 수도 있고, 구나 절이 있을 수도 있어. 쉼표는 각 어구들을 구분해 주고, 읽을 때 호흡을 조절할 수 있게 도와줘.

어구를 나열할 때, 그 사이에 쉼표를 넣어.
나는 사과, 바나나, 배를 모두 좋아해.
친구를 사귈 때는 서로 말이 통하는지, 서로 배려할 수 있는지 생각해 봐야 해.

짧게 더듬는 말을 표시할 때 쉼표를 넣기도 해.
선생님, 주, 줄넘기요? 지, 진짜 준비물에 있었나요?

다음 두 문장을 연결하여 문장 하나로 만들어 보자.
콩 심은 데 콩 난다.
팥 심은 데 팥 난다.

두 문장을 연결하여 문장 하나로 만들 때 연결 관계를 표현하기 위해서 그 사이에 쉼표를 찍을 수 있어.
콩 심은 데 콩 나고, 팥 심은 데 팥 난다.

그 외에도 여러 상황에서 쓰여. 한번 볼까?

누구를 부르거나 대답하는 말 뒤에 쓰는 쉼표
단우야, 동생은 유치원에 갔니?
네, 유치원에 갔어요.

같은 말이 되풀이되는 것을 피하기 위해
일정한 부분을 줄여서 열거할 때 쓰는 쉼표
여름엔 바다에서, 겨울엔 산에서 휴가를 즐긴다.

이웃하는 수를 나열하여 나타낼 때 쓰는 쉼표
이 책은 3, 4, 5학년이 읽으면 좋겠어.

한 문장 안에서 '다시 말해' 등과 함께
설명을 더할 때 앞말 다음에 쓰는 쉼표
아빠의 작은조카, 다시 말해 내 사촌 언니는 3월에 6학년이 되었어.

특별한 효과를 위해 끊어 읽는 곳을 나타낼 때 쓰는 쉼표
이 노래는 바로 우리가, 우리만이, 아름답게 부를 수 있어.

9. 나열할 때는 가운뎃점

마침표같이 생긴 점이지만 중간 위치에 찍는 게 있어. 바로 가운뎃점! 쓰임새는 어떻게 다를까?

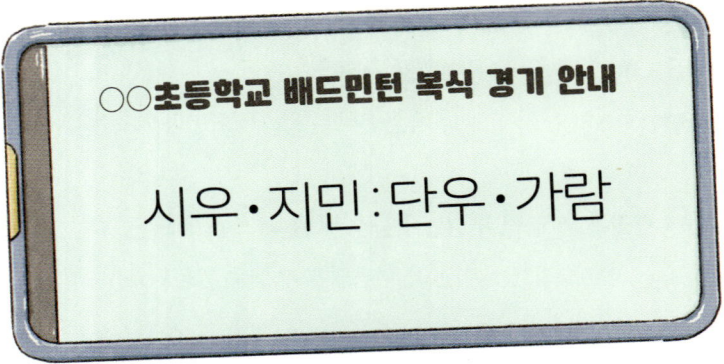

○○초등학교 배드민턴 복식 경기 안내

시우·지민:단우·가람

앗, 이거 현실이야? 설마 우리 우승 후보인 단우·가람 조랑 경기하는 거야?

쟤들이 잘하긴 하지만, 우리도 환상의 복식 조임을 보여 주겠어!

명칭: 가운뎃점
표기: ·

가운뎃점이란, 열거할 어구(말의 마디나 구절)들을 일정한 기준으로 묶어서 나타낼 때나 짝을 이루는 어구들 사이에 쓰는 문장 부호야.

짝을 이루는 낱말들 사이에 가운뎃점을 써.
참·거짓을 구별하기 어려워.
빨강·초록·파랑이 빛의 삼원색이야.

가운뎃점 대신 쉼표를 쓸 수도 있어.
참, 거짓을 구별하기 어려워.
빨강, 초록, 파랑이 빛의 삼원색이야.

10. 설명을 붙일 때는 쌍점

쌍점은 점 두 개를 위아래로 나란히 찍는 거야. 마치 쌍둥이 같아. 어떨 때 쌍점을 쓸까? 좋아하는 축구 경기에서도 볼 수 있어.

명칭: 쌍점
표기: :

쌍점이란, 제목 옆에 설명을 붙일 때, 대본에서 대화를 표현할 때, 시와 분을 나타낼 때, '몇 대 몇'의 '대'가 쓰일 자리에 대신 쓰는 문장 부호야.

제목 다음에 설명을 붙일 때 쌍점을 써.
날짜: 2024. 6. 15.
올림표(#): 음의 높이를 반음 올릴 것을 지시한다.

시와 분을 나타낼 때 써.
오전 10:20(오전 10시 20분)

몇 대 몇, 누구 대 누구처럼 대결이나 경기에서 점수나 팀을 나타낼 때 의존 명사 '대' 자리에 쌍점을 써.
5:2(5 대 2)/청군:백군(청군 대 백군)

제목 다음에 쓰는 쌍점은 앞말에 붙이고, 뒷말과는 띄어 써. 다만 시와 분, 장과 절 등을 구별할 때, '몇 대 몇' 등을 나타낼 경우에는 앞뒤 말에 붙여 쓰지.

11. 대비되는 말을 묶을 땐 빗금

 짜장/짬뽕, 부먹/찍먹. 짜장이냐, 짬뽕이냐? 부먹이냐, 찍먹이냐? 과연 우리의 선택은?

명칭: 빗금
표기: /

빗금이란, 대비되는 두 개 이상의 어구를 묶어 나타낼 때 그 사이에 쓰는 문장 부호야.

대비되는 두 개 이상의 어구를 묶어 나타낼 때 그 사이에 빗금을 써.
남쪽/북쪽

기준 단위당 수량을 표시할 때 그 사이에 빗금을 써.
1,000원/개 (1개에 1,000원이라는 뜻)

시의 행과 연을 표시할 때에도 빗금을 쓸 수 있어. 행은 시의 한 줄 한 줄을 가리키고, 연은 여러 행이 묶여 있는 걸 말해.

풀꽃들의 작은 눈짓
가만히 내려다보며
고 귀여운 투정도
곱게 받아들이는

밤은 엄마다.
밤은 엄마다.

⇒ 풀꽃들의 작은 눈짓 / 가만히 내려다보며 / 고 귀여운 투정도 / 곱게 받아들이는 //
밤은 엄마다. / 밤은 엄마다.

시의 행이 바뀌는 부분에는 빗금 한 번, 연이 바뀌는 부분에는 빗금을 두 번 겹쳐서 써.

12. 소리 내어 말할 땐 큰따옴표

소리 내어 한 말에는 앞뒤에 큰따옴표를 써. 큰따옴표를 앞뒤에 붙여서 친구의 말을 옮겨 기록해 볼까?

명칭: 큰따옴표 *'인용 부호'라고 부르기도 한다.
표기: " "

큰따옴표는 소리 내어 한 말이나 글을 직접 따올 때 쓰는 문장 부호야.

직접 대화를 표시할 때 큰따옴표를 써.
"안녕? 얘들아, 반가워."

말이나 글을 직접 따올 때도 큰따옴표를 쓰지.
지민이는 밤하늘에 반짝이는 별을 보면서
"나랑 별 보러 가지 않을래?"라는
노랫말을 흥얼거렸습니다.

13. 속마음을 표현한 말엔 작은따옴표

큰따옴표가 소리 내어 한 말을 표현할 때 쓰는 거라면, 작은따옴표는 생각이나 속마음을 표현할 때 써. 꼭 기억해! 일단 따옴표를 열면 끝을 닫아 줘야 해.

명칭: 작은따옴표
표기: ' '

작은따옴표는 마음속으로 한 말을 표현할 때 문장 앞과 뒤에 찍거나
따온 말 안에 또 따온 말이 있을 때 쓰는 문장 부호야.

따온 말 안에 또 따온 말이 있을 때 바깥은 큰따옴표로,
안은 작은따옴표로 표시해. 따온 말이라 큰따옴표로 표시해야
하는데, 바깥의 큰따옴표와 중복되기 때문에 작은따옴표를 쓰는 거야.
선생님께서 "여러분! '시작이 반이다.'라는 말 들어보셨죠?"라고 하셨다.

속마음이나 생각을 표현할 때 작은따옴표를 써.
시우는 '시작이 반이면 수업 시작하자마자 반이 지나야 하잖아!
대체 왜 아직도 아홉 시인 거지?'라고 생각했다.

14. 내용을 덧붙일 땐 소괄호

떡볶이(매우 매운 맛)!
떡볶이의 매운맛 보충은 고춧가루로 하고, 문장의 내용 보충은 소괄호로 하지!

명칭: 소괄호 *'손톱괄호', '손톱묶음'이라고 부르기도 한다.
표기: ( )

소괄호는 여러 괄호들 중에서 가장 많이 사용되는 괄호야!
설명을 보충할 때 또는 우리말 표기 옆에 외국어 표기를 해 줄 때도 쓸 수 있어.

보충 설명을 더할 때 소괄호를 써.
니체(독일의 철학자)는 말했다.
2023. 6. 17.(금)

우리말 뒤에 외국어를 나란히 표기할 때도 쓰고,
기호(記號),
컴퓨터(computer)

생략할 수 있는 말임을 나타낼 때,
광개토(대)왕은 고구려 전성기를 이끌었던 왕이다.

희곡 등에서 동작이나 분위기, 상태 등을 나타낼 때,
가람: (가쁜 숨을 내쉬며) 왜 이렇게 빨리 뛰어?

내용이 들어가는 자리임을 나타낼 때에도 소괄호를 써.
우리 고장 이름은 (　　)이다.

15. 내용을 묶을 땐 중괄호, 대괄호

리본처럼 생긴 중괄호는 진짜 리본처럼 여러 가지를 묶어 줘. 대문처럼 생긴 대괄호는 다른 괄호들을 묶는 바깥문 같은 역할을 하지.

명칭: 중괄호, 대괄호
표기: { }, [ ]

 뭔 같지 않니?

중괄호({ })는 비슷한 종류의 여러 가지를 묶을 때 쓰는 문장 부호야.
대괄호([ ])는 괄호 안에 또 괄호를 쓸 때 바깥쪽 괄호로 사용해.

비슷한 요소들을 세로로 묶을 때 써.

삼각형의 종류 { 정삼각형 / 직각삼각형 / 이등변삼각형 }

여럿 중 무엇이든 선택할 수 있음을 나타낼 때도 중괄호를 쓰지.
너 {도, 까지, 조차, 마저} 그렇게 말할 줄은 몰랐어.

괄호 안에 또 괄호를 써야 할 때 바깥쪽 괄호로 대괄호를 써.
신청서 제출 기간[6. 17.(수)~6. 19.(금)]을 지켜 주세요.

순우리말과 같은 뜻의 한자어, 외래어, 외국어를 표시할 때도 대괄호를 쓰지.
낱말[單語], 가람[江], 국제 연합[유엔], 책[book], 국제 연합[United Nations]

16. 제목을 표시할 땐 낫표, 화살괄호

책이나 논문, 노래, 그림 등의 제목이라는 걸 알려 주는 문장 부호도 있어. 낫표나 화살괄호 들이야.

명칭: 겹낫표·겹화살괄호, 홑낫표·홑화살괄호
표기: 『 』·《 》, 「 」·〈 〉

겹낫표(『 』)와 겹화살괄호(《 》)는 제목 등을 표시할 때 쓰는 문장 부호야.
홑낫표(「 」)와 홑화살괄호(〈 〉)는 소제목 등을 표시할 때 쓰는 문장 부호지.

책 제목, 신문 이름 등을 쓸 때 겹낫표나 겹화살괄호를 쓸 수 있어.
겹낫표: 제일 좋아하는 책은 『이파라파냐무냐무』야.
겹화살괄호: 《독립신문》은 우리나라 최초의 민간 신문이래.

소제목, 노래 등의 제목이나 가게 이름 등을 표시할 때에는
홑낫표나 홑화살괄호를 쓰면 돼.
「안내견 행복이」는 책 『심바, 집에 가자』에 실린 작품이야.
홑낫표: 나는 방탄소년단의 「봄날」을 좋아해.
홑화살괄호: 〈사계절〉이라 쓴 간판을 달았어.

겹낫표나 겹화살괄호 대신 큰따옴표를,
홑낫표나 홑화살괄호 대신 작은따옴표를 쓸 수도 있어.
"슬기로운 공부 사전"이라는 책이 새로 나왔어.
'디토'라는 노래를 좋아해.

17. 제목을 덧붙일 땐 줄표

뺄셈은 짧은 줄(-), 줄표는 긴 줄(—)!
제목 옆에 긴 줄표가 있다면 이건 무슨 뜻일까?

명칭: 줄표
표기: ―

줄표는 제목 다음에 표시하는 부제(제목을 보충하는 제목)의 앞뒤에 쓰는 문장 부호야.

제목 다음에 표시하는 부제의 앞과 뒤에 써.
책 제목은 『나쁜 말 사전 ― 나쁜 말을 다 잡아 오너라! ―』야.

뒤에 오는 줄표를 생략하고 쓰기도 해.
책 제목은 『나쁜 말 사전 ― 나쁜 말을 다 잡아 오너라!』야.

줄표 앞, 뒤는 띄어 쓰는 게 원칙인데, 공백이 너무 넓어져서 보기 좋지 않으면 붙여 써도 괜찮아.
『나쁜 말 사전―나쁜 말을 다 잡아 오너라!―』

18. 순서대로 나열할 땐 붙임표

"지금부터 줄을 서시오!"
순서를 나타내는 붙임표 군단이 나옵니다!

명칭: 붙임표

표기: -

붙임표는 순서대로 이어지는 내용을 묶어서 나열할 때, 각 내용 사이에 쓰는 문장 부호야.

순서대로 이어지는 내용을 하나로 묶어 나열할 때 각 내용 사이에 써.
글은 처음-중간-끝으로 이루어져.
멀리뛰기는 도움닫기-발 구르기-공중 동작-착지의 순서로 해.

두 개 이상의 낱말이 서로 밀접하게 관련되어 있음을 나타낼 때에도 쓰지.
열차를 타면 서울-대구 사이는 금방 다녀올 수 있어!
드디어 남한-북한 사이에 길이 열렸어!

줄표와 붙임표는 길이로도 구별할 수 있는데, 붙임표가 줄표보다 상대적으로 더 짧아.

19. 기간·거리·범위 표시엔 물결표

물결표는 원래 기간, 거리, 범위 등을 표시할 때 쓰지만 채팅 등을 할 때 길게 발음하거나 부드러운 말투를 표현하기 위해 쓰기도 해. 하지만 이런 쓰임이 문장 부호 규정에 정해져 있지는 않아.

명칭: 물결표
표기: ~

물결표는 기간, 거리, 범위 등을 나타낼 때 쓰는 문장 부호야.

기간, 거리, 범위를 나타낼 때 물결표를 써.
7월 11일~7월 15일
스티브 잡스(1955~2011)
서울~파주는 생각보다 가까워.
오늘 수업에서는 교과서 14~18쪽을 할 거예요.

물결표 대신 붙임표를 쓸 수도 있어.
7월 11일-7월 15일
스티브 잡스(1955-2011)
서울-파주는 생각보다 가까워.
오늘 수업에서는 교과서 14-18쪽을 할 거예요.

20. 강조하고 싶을 땐 드러냄표와 밑줄

중요한 단어를 더욱 드러내고 싶을 땐 밑줄을 긋거나 글자 위에 점을 콕콕 찍어 강조할 수 있어.

명칭: 드러냄표, 밑줄
표기: ˙ , ＿

드러냄표는 글자 위에 점을 콕콕 찍어 더 도드라지게 하는 거고,
밑줄은 글자 아래에 줄을 그어 눈에 띄게 하는 거야.

문장 내용 중 중요하거나 강조할 부분을 특별히
드러낼 때 드러냄표나 밑줄을 써.
친구 별명은 호기심 대장이야.
보이는 것보다 보이지 않는 것이 더 소중해.

다음 중 삼각형이 아닌 것은?
친구가 내게 준 것은 선물이 아니라 마음이었단다.

강조하고 싶을 땐 점이나 선으로!

나를 강조하고 싶어!

드러냄표나 밑줄 대신 작은따옴표를 쓸 수도 있어.
친구 별명은 '호기심 대장'이야.
보이는 것보다 '보이지 않는' 것이 더 소중해.
친구가 내게 준 것은 선물이 아니라 '마음'이었단다.

21. 숨겨야 할 글자엔 숨김표

음, 이게 누구지? 꽁꽁 숨겨 놓았네!
쉿! 비밀을 표시할 땐 ○나 ×로 숨겨 보는 거야.

명칭: 숨김표
표기: ○, ×

 숨김표는 쓰면 안 되는 말이나 밝히기 어려운 말, 혹은 비밀을 유지해야 할 때 쓰는 문장 부호야.

비밀이나 밝힐 수 없는 사항임을 나타낼 때 써.
합격자: 박○민, 이○우(2명)
그날 온 사람은 김××, 이××, 정×× 세 명입니다.

쓰면 안 되는 말을 표현할 때 글자 수만큼 숨김표로 표시해.
영상에서 우연히 ××라는 말을 듣고 깜짝 놀랐어.

비밀이나 밝힐 수 없는 사항임을 나타낼 때 꼭 글자 수만큼 써야 한다는 규정은 없어. 밝혀서는 안 되는데, 글자 수 정보를 알려 준다는 건 앞뒤가 안 맞으니까. 그래서 '김××'의 이름은 한 글자일 수도 있고, 두 글자 또는 그 이상일 수도 있어.

22. 자리를 비워 둘 땐 빠짐표

사라진 글자를 찾아라!
'글자 없음'을 표시할 때 어떻게 할까?

명칭: 빠짐표
표기: □

빠짐표는 글자 자리를 비워 둔다는 의미의 문장 부호야.

옛날 비석이나 문헌에 글자가 분명하게 남아 있지 않을 경우, 글자 수만큼 빠짐표를 써. 이 자리에 글자가 있었지만 어떤 글자인지는 알 수 없다는 걸 표시해 주는 거야.

大師爲法主□□賴之大□薦 (대사위법주□□뢰지대□천)

빠짐표는 글자 수에 맞게 쓰고, 문장의 어디든 쓸 수 있어서 상황에 따라 띄어쓰기가 달라져.

23. 말을 잇지 못할 땐 줄임표

말을 채 다 하지 못하거나 말할 수 없을 때는 점, 점, 점. 조금만 더 용기를 내 볼까?

명칭: 줄임표
표기: ……, …, ……, …
*6개 점이 원칙이고, 3개 점을 허용한다.

줄임표는, 할 말을 줄였을 때, 말이 없음을 나타내거나 머뭇거림을 나타낼 때, 일부를 생략할 때 쓰는 문장 부호야.

할 말을 줄였을 때 줄임표를 써.

말이 없음을 나타낼 때도 줄임표를 쓰지. 줄임표 뒤에 마침표나 물음표, 느낌표를 꼭 찍어야 해.

문장이나 글의 일부를 생략할 때 줄임표를 써.
시우는 전학 간 친구에게 메시지를 보냈다. 시간이 흘렀다. … 1년 후, 시우는 친구가 보낸 메시지를 받았다.

줄임표는 앞말에 붙여 쓰는 것이 원칙이지만, 위의 예문처럼 문장이나 글의 일부를 생략할 때는 앞뒤를 띄어 써.

24. 문장 부호는 아니지만 자주 쓰는 부호

우리나라에서 문장 부호로 분류하지는 않지만, 책이나 글에 자주 쓰이는 부호들도 있어.

명칭: 공식 명칭 없음
표기: 〃

우리나라에서는 이 기호를 공식적인 문장 부호로 분류하지 않기 때문에 따로 정해진 공식 이름은 없어. 그런데 북한에서는 이 기호를 문장 부호로 사용해서 '같음표'라고 부른대. 영어로는 ditto라고 하고, '위와 같음', '마찬가지이다'라는 뜻을 가지고 있어.

지민이의 용돈기입장

날짜	구입한 것	쓴 용돈	남은 용돈
5월 16일	연필(1자루)	600원	2,400원
〃	지우개(1개)	〃	1,800원
5월 17일	공책(1권)	1,000원	800원

5월 16일, 연필을 산 날에 지우개도 함께 샀고, 지우개(1개) 가격이 600원으로 연필(1자루) 값과 같다는 뜻이야.

3장

쉼표 찍듯, 여행해요

온라인 오프라인 기호의 세계

25. @는 무슨 뜻이야?

이번에는 키보드 위로 가 볼까? 인터넷 세상엔 기호들이 무궁무진해. 먼저 @부터 출발!

@를 뭐라고 부를까?

한국에서는 '골뱅이'

덴마크에서는 '코끼리 코'

중국에서는 '생쥐'

프랑스와 이탈리아에서는 '달팽이'

스웨덴에서는 '고양이 발'

독일에서는 '귀'

이메일 주소 불러 드릴게요. abcd1234이고요, '코끼리 코' 하고, mail.com입니다. 하하하.

명칭: 골뱅이
표기: @

@는 전자우편 주소를 표기할 때 주로 쓰여. 영어로는 at sign이라 부르고 'at(앳)'이라고 읽어. 한국에선 흔히 '골뱅이'라고 부르지.

전자우편 주소를 표시할 때 써.
abc@ganada.com

요즘에는 소셜 미디어가 발달하면서 소셜 미디어 주소 앞에 쓰기도 해.
@abc_ganada

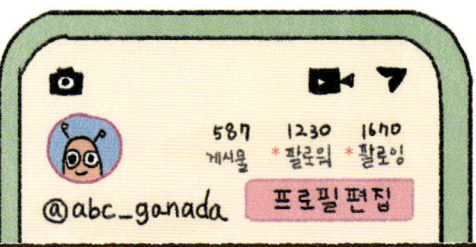

*규범 표기는 각각 '팔로워', '팔로잉'이다.

26. 기분을 나타내는 기호 이모티콘

온라인상에서 이미지를 보내기 어렵던 시절에도 사람들은 문자나 특수 기호, 숫자 등을 조합해서 감정이 담긴 표정을 만들었어.
그게 바로 이모티콘이야!

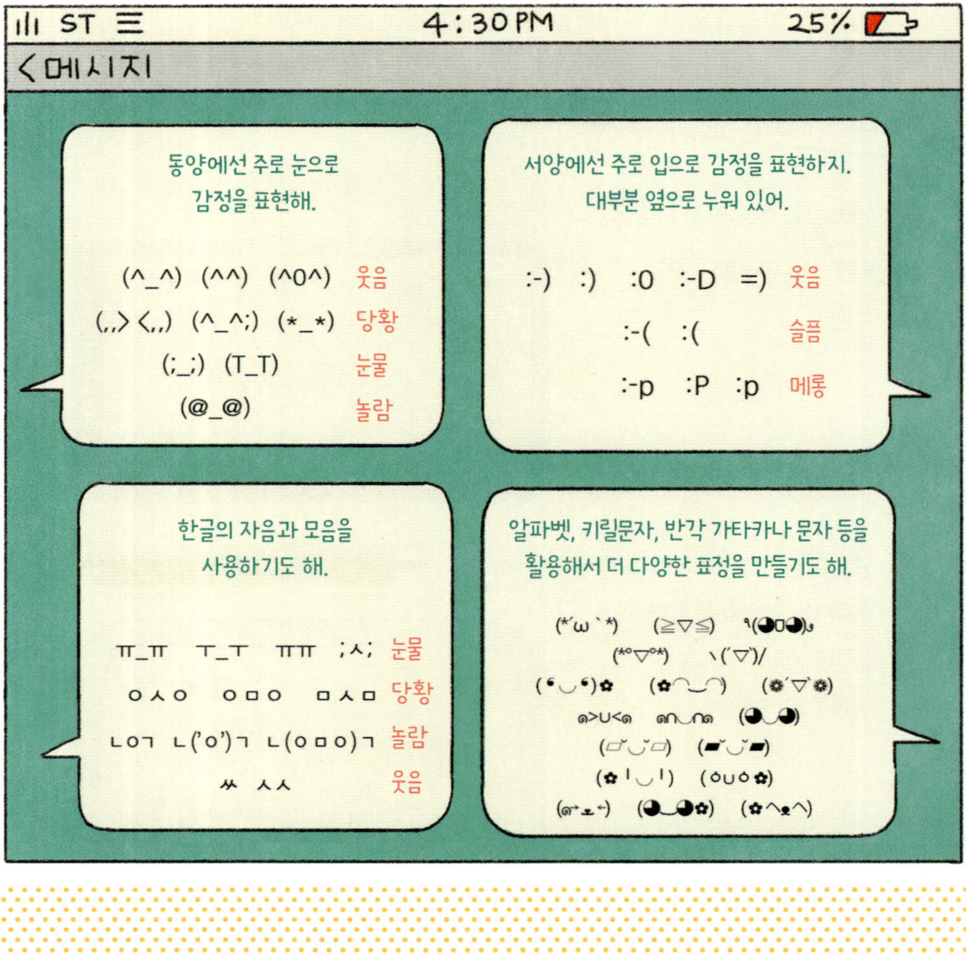

 ıll ST ≡   4:30 PM   25% 🔋
 ＜메시지

동양에선 주로 눈으로 감정을 표현해.

(^_^) (^^) (^O^)   웃음
(,,>_<,,) (^_^;) (*_*) 당황
(;_;) (T_T)   눈물
(@_@)   놀람

서양에선 주로 입으로 감정을 표현하지. 대부분 옆으로 누워 있어.

:-) :) :O :-D =)   웃음
:-(:(슬픔
:-p :P :p   메롱

한글의 자음과 모음을 사용하기도 해.

ㅠ_ㅠ ㅜ_ㅜ ㅠㅠ ;ㅅ;   눈물
ㅇㅅㅇ ㅇㅁㅇ ㅁㅅㅁ   당황
ㄴㅇㄱ ㄴ('ㅇ')ㄱ ㄴ(ㅇㅁㅇ)ㄱ 놀람
ㅆ ㅅㅅ   웃음

알파벳, 키릴문자, 반각 가타카나 문자 등을 활용해서 더 다양한 표정을 만들기도 해.

(*ω`*)   (≧▽≦)   ۹(⊙Ꮂ⊙)۶
         (*°▽°*)   ＼(▽)／
(❛‿❛)✿   (✿～‿～)   (✿´▽`✿)
 ᕙ>ᴗ<ᕗ   ෆ‿ෆ   (⊙‿⊙)
  (♂ʖ̯♂)   (✿◕‿◕)
 (✿ I‿I)   (๏ᴗ๏✿)
(ಠ﹏ಠ)   (⊙‿⊙)   (✿^‿^)

명칭: 이모티콘
표기: ^^, :) 등

컴퓨터나 휴대 전화 등의 전자 매체에서 문자와 기호, 숫자 등을 조합하여 만든 그림 문자를 이모티콘이라고 해.

(^o^)

이모티콘의 시초는 :-)와 :-(였어. 문자와 기호, 숫자 등을 이용했는데, 누가 봐도 그 느낌이 나. 슬프고 기쁘고 당황한 느낌! 아주 그럴듯하고 기발하지? 그런데 스마트폰이 보편화되고 다양한 이모지가 나오면서 이모티콘 사용은 줄어들고 있어. 그래도 문자 메시지나 채팅창에서 감정을 전달하거나 대화를 좀 더 부드럽게 이끌어 가기 위해, 혹은 미안함이나 고마움 등을 표현할 때 여전히 쓰여.

내가 제일 좋아하는 이모티콘은 :D이고, 제일 자주 쓰는 건 ㅠㅠ야.

만들기는 좀 번거롭지만 (■˘‿˘■)도 귀여워서 한번 써 보고 싶어.

27. 이모티콘보다 정교한 이모지

요즘 많이 쓰이는 이모지는 이모티콘보다 좀 더 그림에 가깝지! 스마트폰에는 다양한 이모지가 있어서 감정을 더 생생하게 표현할 수 있어.

명칭: 이모지
표기: 등

이모지는 일본의 휴대 전화 문자 메시지에서 시작된 그림 문자야. 이후 여러 휴대 전화 기업들이 이모지를 지원하기 시작하면서 세계적으로 많이 쓰이게 되었어.

이모티콘은 단순한 형태라 섬세한 감정이나 사물, 동물 등을 구체적으로 표현하는 데 한계가 있는 데 비해 이모지는 그림 하나로 다채로운 표현을 할 수 있다는 장점과 재미가 있어.

세계적으로는 문자나 특수 기호를 활용한 '이모티콘'과 그림 중심의 '이모지'를 구분해서 쓰는 추세야. 그런데 우리나라에서는 '이모티콘'이라는 용어로 이모지까지 포함해서 표현하기도 해.

28. 지도 기호 따라 지도 읽기

지도에 있는 작은 그림들, 뭔지 알아? 바로 지도 기호들이야. 지도 기호를 알면 지도 읽기가 쉬워지고, 지도를 잘 읽으면 길 찾기가 훨씬 쉬워져.

*'굿즈'의 순화된 표현은 '팬 상품'이다.

지도는 크고 복잡한 땅을 아주 작게 축소해서 평면에 담아 나타낸 거야. 거대한 공간을 한정된 데에 담으려니 땅과 건물을 최대한 단순하게 표현해야 해서 기호를 사용해. 이 지도 기호는 우리나라뿐 아니라 다른 어느 나라에서도 비슷하게 통해. 한눈에 알아보기 쉽게 실제 사물의 모양을 본떠 만든 게 많아.

검정은 건물이나 산, 철로 등을 표현해.

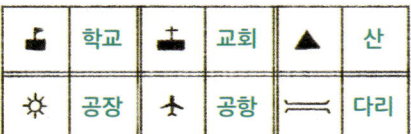

빨강은 기호를 강조하거나 빛과 관련된 것을 표현할 때 사용해.

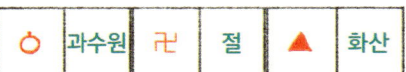

파랑은 주로 물과 관련된 것을 나타낼 때 쓰지.

녹색은 낮고 평평한 땅이나 병원 같은 건물에 써.

29. 지구와 생태를 사랑하는 기호

기호를 알면 지구를 사랑하는 방법도 더 잘 알고 실천할 수 있어. 진짜냐고? 그럼! 주변의 기호를 조금 더 섬세하게 살펴보자.

재활용 기호가 따로 있다는 것 알고 있어? 재활용할 수 있는 제품에는 분리배출 기호가 붙어 있어. 그 기호를 보면 이 제품을 어떻게 버려야 재활용할 수 있는지 알 수 있지. 지구와 생태를 사랑하는 기호, 맞지?

이처럼 우리 일상에는 수많은 기호들이 있어. 보통 알아보기 쉽게 간단하게 만들어져 있지. 그래서 말과 글이 통하지 않아도 전 세계 사람들이 알아볼 수 있어.

출입 금지

비상구

수소

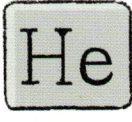
헬륨

화장실

엘리베이터

원화

달러

30. 별자리를 나타내는 기호

자, 이번엔 고개를 들어 하늘을 바라봐. 하늘에도 기호가 있어. 하늘을 수놓는 별들의 자리도 기호로 표현해 두었거든.

밤하늘에는 수를 헤아릴 수 없을 만큼 많은 별들이 반짝이고 있어. 고대 사람들은 이 별들을 무리 지어 별자리를 만들었지. 별자리들 중에서 태양이 지나가는 길에 있는 별자리를 황도 12궁이라 불러.

별자리 각각의 모양에 맞게 딱 알아볼 수 있는 기호가 있어. 똑 닮았지?

물병자리

물고기자리

양자리

황소자리

쌍둥이자리

게자리

사자자리

처녀자리

천칭자리

전갈자리

사수자리

염소자리

31. 단위를 나타내는 기호

단위를 나타내는 기호도 있어! 우리가 아주 흔히 쓰는 센티미터나 킬로그램 같은 기호들이야.

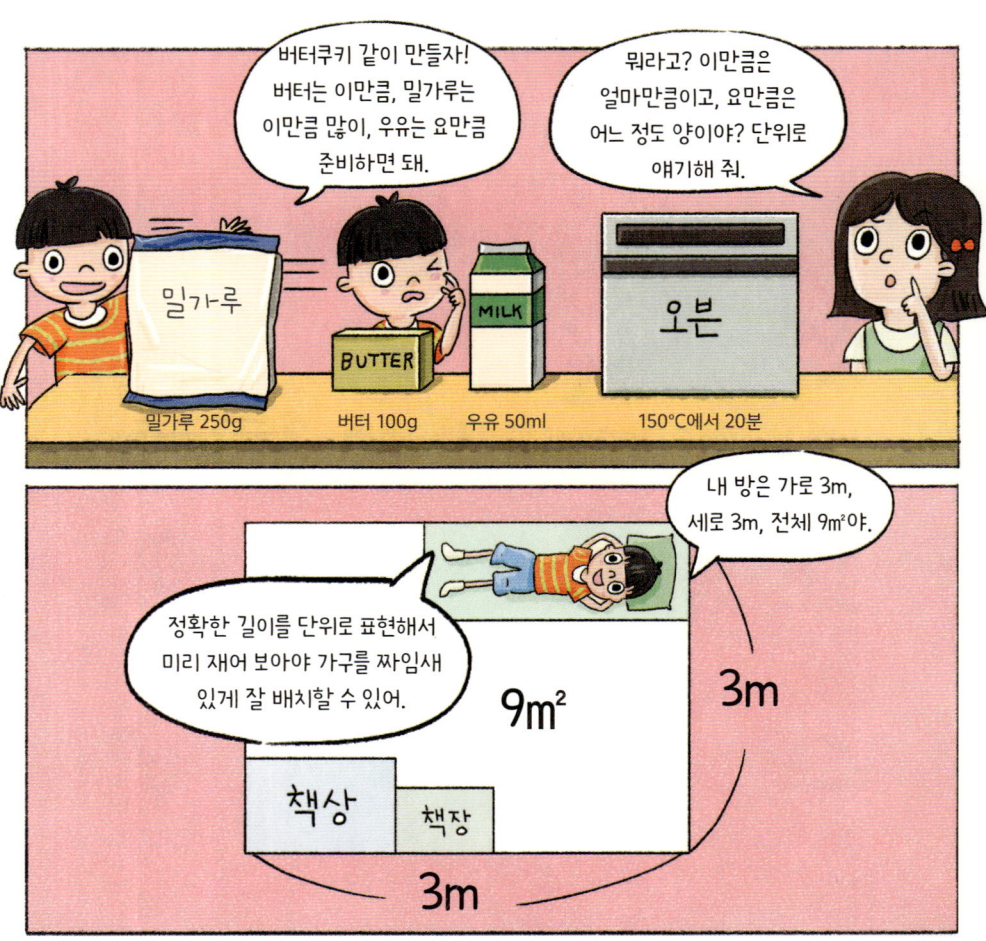

무게와 부피, 길이, 시간, 온도, 높이 등에는 모두 단위가 있어.
나라마다 서로 다른 단위를 쓰기도 했는데, 지금은 세계적으로 꽤 많이
통일되어 있어. 그래야 서로 뭘 의미하는지 정확히 알 수 있거든.
이 단위들은 각각 기호가 있어서, 기호를 보면 서로 다른 나라
사람들도 어떤 단위를 말하는지 알아볼 수 있어.

단위 통일이 얼마나 중요한지 알 수 있는 엄청난 사건이 있었어.
미국에서는 몸무게를 파운드로 말하고 우리는 킬로그램으로 표현하기
때문에 환산을 해야만 무게를 알 수 있어.

예를 들어, '154파운드(lb)=70킬로그램(kg)'이야.

1999년, 미국 항공 우주국(NASA)에서 화성으로 탐사선을 보냈는데,
화성 궤도 진입 직전에 대기와 마찰해 탐사선이 폭발했어! 왜 그런
엄청난 사고가 났냐고? 정말 어이없는 이유 때문이었지. 탐사선을
제작한 사람은 '파운드(lb)'로 계산해서 설계하고, 발사를 맡은 NASA는
'킬로그램(kg)'을 써서 생겨난 문제였다고 해! 세상에! 이런 사소한
실수로 3년이라는 긴 시간과 엄청난 돈이 한순간에 사라져 버린 거야.

32. 점자에 담아내는 세상

점자는 손의 감각으로 읽는 문자야.
점의 위치와 배열에 따라서 의미를 표현할 수 있어.

점자로 '탄산'이라고 적혀 있어.

그러게, 콜라인지 사이다인지 구분하기 어렵겠어. 음료 이름을 적어 두면 좋을 텐데.

편의점, 지하철, 엘리베이터 등 곳곳에 점자가 있구나!

상
하

시각 장애인의 안전을 위해 점자를 정확히 표기해야겠어!

점자는 시각 장애인용 문자로, 지면이 볼록 튀어나오게 점을 찍어 손가락 끝의 촉각으로 읽을 수 있게 만들어진 특수 문자야. 점자도 문자이니 문장 부호가 있어! 국립국어원에서 2024년 1월에 점자의 문장 부호를 정리하여 개정했다고 해.

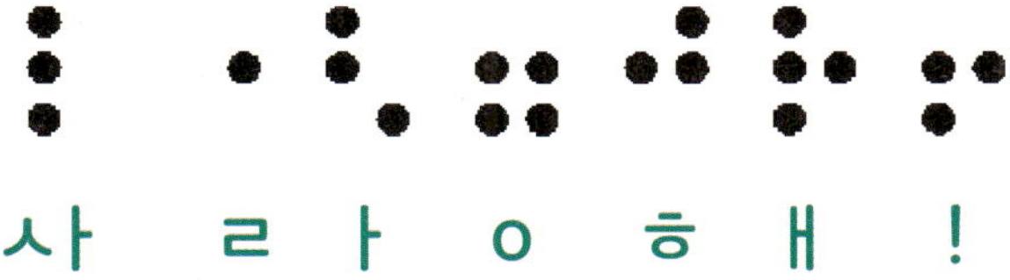

사 ㄹ ㅏ ㅇ ㅎ ㅐ !

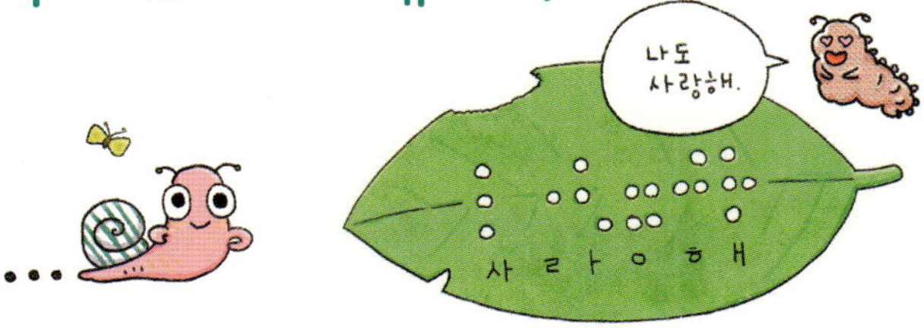

점자의 문장 부호도 몇 가지 살펴볼까?

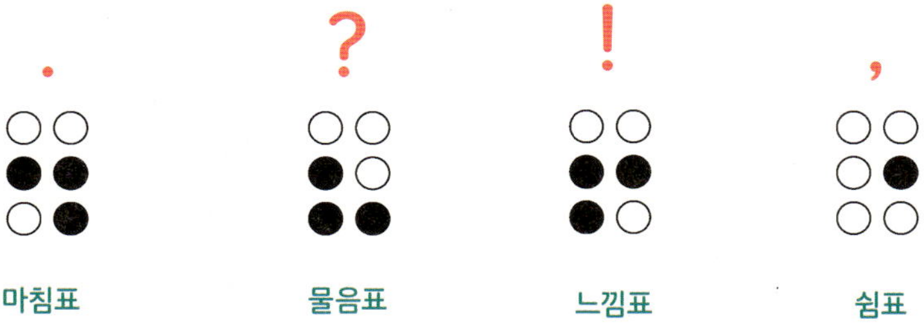

.	?	!	,
마침표	물음표	느낌표	쉼표

— 4장 —

마침표를 꾹 찍어요

올바르게 문장 부호 쓰기

33. 문장 부호에 알맞게 띄어 읽기

띄어 읽기는 숨이야. 어디서 얼마만큼 쉬어 읽으면 좋을까?
적절한 호흡으로 잘 띄어 읽으면 뜻을 더 명확하게 전달할 수 있어.

명칭: 쐐기표, 겹쐐기표
표기: ∨, ⩔

쐐기표나 겹쐐기표는 띄어 읽으라는 표시야. 쉼표 뒤에 쐐기표를 쓰고, 조금 띄어 읽어. 마침표나 물음표, 느낌표를 써서 문장을 끝내고 나서는 뒤에 겹쐐기표를 쓰는데 이때는 조금 더 띄어 읽어.

문장 부호	표시		띄어 읽기 방법
쉼표	,∨	쐐기표	조금 띄어 읽어요.
마침표	.⩔	겹쐐기표	쐐기표보다 조금 더 띄어 읽어요.
물음표	?⩔		
느낌표	!⩔		

지민이가 피아노를 치고,∨ 시우가 노래를 부른다.⩔
친구들이 박수를 친다.⩔ 시우는 신나서 춤까지 춘다.

글의 맨 끝부분에는 겹쐐기표를 쓰지 않아.
글이 끝나서 더 이상 쉬어 읽을 필요가 없기 때문이야.

34. 연필 들고 문장 부호 바르게 쓰기

문장 부호를 쓸 때에도 규칙이 있어. 원고지에 쓸 때 그게 가장 잘 드러나지. 원고지에 문장 부호를 알맞게 적어 볼까?

문장 부호에 따라 읽는 방법과 억양도 달라져야 해.

 느낌표    물음표

물음표와 느낌표는 원고지 한 칸을 4로 나누었을 때 한가운데에 써.

 마침표   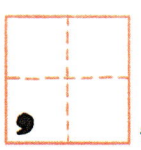 쉼표

마침표와 쉼표는 왼쪽 아래에 써.

  큰따옴표

 작은따옴표

따옴표는, 시작할 땐 오른쪽 위에 쓰면 되고, 마칠 땐 왼쪽 위에 쓰면 돼.
단, 앞에서 봤듯이 마침표 뒤에 바로 따옴표가 이어지면 한 칸에 같이 써.

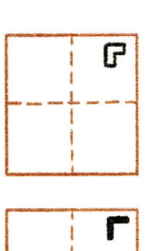 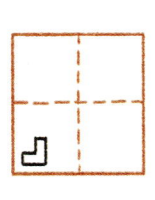

겹낫표

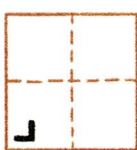 

홑낫표

겹낫표와 홑낫표는, 열 때는 오른쪽 위에, 닫을 때는 왼쪽 아래에 써.

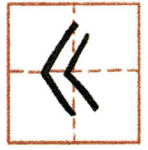 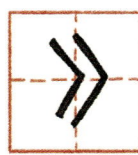

겹화살괄호

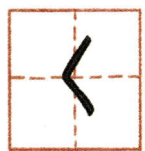 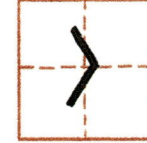 

홑화살괄호

겹화살괄호와 홑화살괄호는 칸의 중앙에 오도록 써.

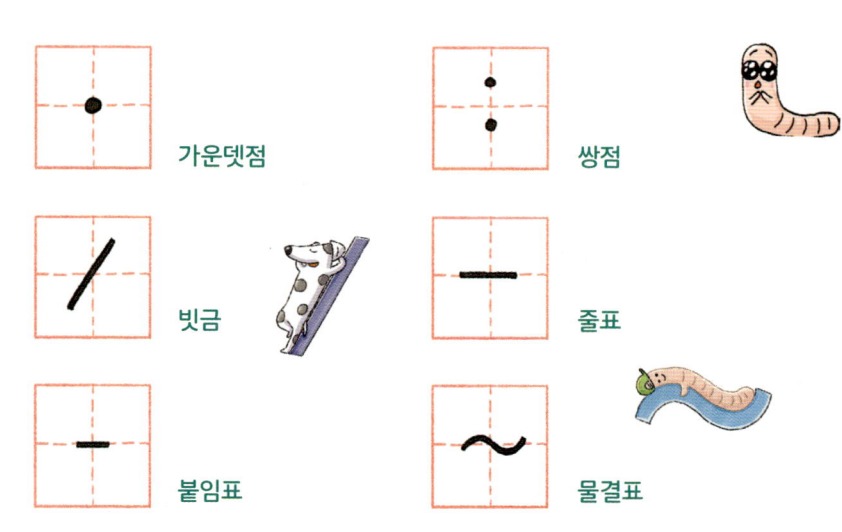

가운뎃점, 쌍점, 빗금, 줄표, 붙임표, 물결표도 모두 칸의 중앙에 위치하도록 쓰면 돼.

줄임표는 점 여섯 개를 쓸 때에는 한 칸에 세 개씩 두 칸을 차지하게 써. 점 세 개만 쓰는 것도 인정하고 있고, 이때는 점 세 개를 한 칸에 쓰면 돼.

35. 지우개 대신 교정 부호로 글다듬기

글을 다 쓰고 나서도 보고 또 보면서 고쳐 보는 게 좋아. 그래야 글이 더 좋아지니까. 거의 완성된 뒤에 고쳐 쓸 때에는 교정 부호를 써서 다듬어 볼까?

명칭: 붙임표
표기: ⌢

나무는 새 봄을 기다립니다.
⇒ 나무는 새봄을 기다립니다.

명칭: 띄움표
표기: ∨

우리는 서로 얼굴만 봐도 기분이좋아.
⇒ 우리는 서로 얼굴만 봐도 기분이 좋아.

명칭: 자리바꿈표
표기: ∽

먼저 내가 지민이에게 말을 걸었어.
⇒ 내가 먼저 지민이에게 말을 걸었어.

명칭: 줄바꿈표
표기: ⌐

사각사각 연필 깎는 소리 흔들흔들 바람 부는 소리
⇒ 사각사각 연필 깎는 소리
　　흔들흔들 바람 부는 소리

명칭: 뺌표
표기: ⦿

나는 거기 찍힌 점점을 뺐어!
⇒ 나는 거기 찍힌 점을 뺐어!

36. 글을 다듬으며 생각 표현하기

지금까지 배워 온 것들을 바탕으로 글을 한번 써 봤어.
교정 부호를 이용해 더 매끄럽게 고쳐 볼까?

	마	침	표	가		잠	에	서
깨	어	났	을	때	눈		앞	에
쉼	표	가		꼬	물	꼬	물	
기	어	가	고		있	었	어	요
"	으	악	!	"	마	침	표	는
깜	짝		놀	라	,	소	리	치
며		벌	떡		일	어	났	어
요	.		그	러	자		마	치
느	낌	표	처	럼		키	가	
우	뚝		커	졌	어	요	.	

갑자기 떠오르는 이야기가 있어서 적어 봤어.

오, 재밌다. 마침표와 쉼표 이야기네? 우리 같이 읽고 조금 다듬어 볼까?

"이렇게 찬찬히 고쳐 보니 의미가 훨씬 잘 와닿아."

"문장 부호 공부하길 잘했어!"

마	침	표	가		잠	에	서
깨	어	났	을	때	눈		앞	에
쉼	표	가		꼬	물	꼬	물
기	어	가	고		있	었	어	요
"	으	악	!	"	마	침	표	는
깜	짝		놀	라		소	리	쳤	어
며		벌	떡		일	어	났	어
요	.	그	러	자		마	치
느	낌	표	처	럼		키	가
우	뚝		커	졌	어	요	.

작가의 말

"문장이 뭐예요?"

"마침표 꼭 찍어야 돼요?"

마음은 눈에 보이지 않아요. 우리 안에 있지만, 눈에 보이지 않는 생각이나 감정을 표현하고 싶을 때가 있었나요? 그럴 때 여러분은 어떻게 표현하나요? 표정이나 행동으로 표현하기도 하고, 그림을 그리거나 노래를 부를 수도 있겠지요. 다양한 표현을 통해 감정을 전할 수 있지만, '말과 글'을 통해 표현해 보면 어떨까요? 그중에서도 마음을 담은 '문장'을 써 보는 거예요!

문장은 우리의 마음을 표현하는 단어를 순서에 맞게 배열해 완결한 거예요. 문장이 끝났음을 알리기 위해 문장 부호로 마침표(.)를 사용하지요. 문장이 물음을 나타낸다면 물음표(?)를, 감탄이나 놀람을 나타낸다면 느낌표(!)를 쓰기도 합니다.

말을 할 때와 달리, 글을 쓸 때에는 문장 부호가 꼭 필요합니다. 글을 쓰고 읽을 때는 상대방의 얼굴을 보지 않은 채로 소통하지요. 그러므로 글쓴이의 의도를 더 정확하게 전달하고, 문장의 구조를 잘 드러내기 위해 문장 부호를 사용해요. 마침표와 쉼표, 물음표, 느낌표 등이 대표적인 문장 부호예요.

선생님도 궁금한 부분이 있을 때, 또는 학생들에게 알려주고 싶거나 더 정돈된 글을 쓰고 싶을 때 '한국 어문 규정집'에 실린 한글 맞춤법을 찾아본답니다. 특히 문장 부호는 '한글 맞춤법 규정'에서 부록으로 따로 구분해 구체적으로 설명하고 있기 때문이지요.

　아쉽게도 문장 부호가 궁금할 때 찾아볼 수 있는 어린이 책이 아직 없어요. 그래서 쉬운 말로 풀어 쓰고, 친근하게 다가갈 수 있는 예시 문장과 문장 부호들을 차곡차곡 담아 책을 준비했습니다. 알쏭달쏭하고 어른들도 헷갈리는 문장 부호 용례들이 담겨 있어 부모님과 함께 읽으며 언어생활을 돌아보아도 좋겠습니다.

　잘 읽고, 잘 쓰고, 잘 듣고, 잘 말하는 삶. 국어 수업의 본질이 여기에 있는 게 아닐까요? 차근차근 하나씩 우리가 쓰는 문장을 돌보고 적절한 문장 부호로 가다듬으면서 언어를 정돈해 보기로 해요. 문장을 돌보는 일이 내 마음을 돌보는 일이자, 삶을 소중히 여기는 일이라 생각해요. 정성껏 언어를 매만지며 생각과 감정을 표현하는 하루하루가 모여 우리의 삶이 될 테니까요.

　언어를 소중히 다듬으며 살아가는 힘을 기르는 하루를 응원합니다!

2024년 가을 김민영

문장 부호 한눈에 보기

부호	이름	어떻게 쓸까요?
.	마침표	서술, 명령, 청유를 나타내는 문장 끝에 씁니다.
?	물음표	물음을 나타내는 문장 끝에 씁니다.
!	느낌표	감탄을 나타내는 문장 끝에 씁니다.
,	쉼표	문장에서 끊어 읽을 부분, 또는 같은 자격의 어구를 연결할 때 씁니다.
·	가운뎃점	둘 이상의 어구를 하나로 묶어 나타낼 때 씁니다.
:	쌍점	제목에 대해 예시나 설명을 붙일 때 씁니다. 시와 분을 구분할 때도 씁니다.
/	빗금	대비되는 둘 이상의 어구를 묶어서 나타낼 때 씁니다.
" "	큰따옴표	대화를 표시하거나 직접 따온 문장임을 나타낼 때 씁니다.
' '	작은따옴표	마음속으로 한 말이나 따온 말 안에 따온 말을 나타낼 때 씁니다. 문장에서 특별히 강조할 부분을 표시할 때도 씁니다.
( )	소괄호	보충할 내용을 덧붙일 때 씁니다.
{ }	중괄호	비슷한 종류의 여러 요소들을 묶을 때 씁니다.

부호	이름	어떻게 쓸까요?
[ ]	대괄호	괄호 안에 또 괄호를 쓸 필요가 있을 때 바깥쪽 괄호로 씁니다.
『 』, 《 》	겹낫표와 겹화살괄호	책 제목이나 신문 이름 등을 나타낼 때 씁니다.
「 」, 〈 〉	홑낫표와 홑화살괄호	소제목, 예술 작품 제목, 간판 이름 등을 나타낼 때 씁니다.
─	줄표	제목 다음에 보충하는 제목을 달 때 씁니다.
-	붙임표	차례대로 이어지거나 관련 있는 어구를 묶어 나타낼 때 씁니다.
~	물결표	기간이나 거리, 범위 등을 나타낼 때 씁니다.
˙ , ─	드러냄표와 밑줄	문장에서 특정한 부분을 특별히 드러내 보일 때 씁니다.
○, ×	숨김표	비밀을 유지해야 하거나 밝힐 수 없는 사항임을 나타낼 때 씁니다.
□	빠짐표	글자가 분명하지 않거나 글자가 들어갈 자리임을 표현할 때 씁니다.
……	줄임표	말을 줄이거나 말이 없음을 나타낼 때 씁니다.

교정 부호 한눈에 보기

부호	이름	어떻게 쓸까요?	예시
∨	띄움표	띄어 쓰라는 표시	우리는∨친구
⌒	붙임표	붙여 쓰라는 표시	철썩 철썩 파도가 친다.
∅	뺌표	글자를 빼라는 표시	내가가 좋아.
┘	줄바꿈표	다음 줄로 행갈이하라는 표시	"안녕?" 우리는 인사했다.
↶	줄 이음표	앞줄 바로 뒤로 이으라는 표시	"안녕?" 우리는 인사했다.
∽	자리 바꿈표	글자나 단어의 순서를 바꾸라는 표시	먹다 밥을
⌐	오른 자리 옮김표	해당 위치만큼 오른쪽으로 옮기라는 표시	같이 놀자!
⌐	왼 자리 옮김표	해당 위치만큼 왼쪽으로 옮기라는 표시	안녕 이제 그만

띄어 읽기 기호 한눈에 보기

기호	이름	위치	띄어 읽는 방법
V	쐐기표	쉼표 뒤	조금 띄어 읽습니다.
⋁⋁	겹쐐기표	마침표, 물음표, 느낌표 뒤	쐐기표보다 조금 더 띄어 읽습니다.

◆ 참고 문헌

한글 맞춤법 규정
- 국립국어원, 〈문장 부호 해설〉, 서울: 국립국어원, 2014
  (https://www.korean.go.kr/front/etcData/etcDataView.do?etc_seq=431)
- 국립국어원, 〈문장 부호 이렇게 바뀌었습니다〉, 서울: 국립국어원, 2014
  (https://www.korean.go.kr/front/etcData/etcDataView.do?mn_id=46&etc_seq=430&pageIndex=1)
- 노민지, 〈한글 문장부호의 조형적 체계에 관한 연구〉, 국내석사학위논문 홍익대학교 대학원, 서울, 2013
- 국립국어원, 〈개정 한국 점자 규정〉, 서울: 국립국어원, 2024
  (https://www.korean.go.kr/front/page/pageView.do?page_id=P000303)

◆ 관련 교과서

1. 문장 부호
- 2022개정 초등학교 1-1 국어(나) 6. 또박또박 읽어요 (2) 문장 부호에 알맞게 띄어 읽기(288~299쪽)
- 2022개정 초등학교 1-1 국어활동 6. 또박또박 읽어요 (2) 문장 부호에 알맞게 띄어 읽기(86~87쪽)
- 2022개정 초등학교 1-2 국어(가) 4. 감동을 나누어요 '원고지에 따옴표 쓰기'(123쪽)

2. 교정 부호
- 2015개정 초등학교 6-2 국어(나) 7. 글 고쳐 쓰기(283쪽)

3. 띄어 읽기
- 2022개정 초등학교 2-1 국어(나) 5. 마음을 짐작해요 '문장 자연스럽게 띄어 읽기'(154~155쪽, 170쪽, 180쪽)

◆ 참고 자료

- 이모티콘과 이모지
  그레천 매컬러, 《인터넷 때문에》, 강동혁 옮김, 어크로스, 2022
- 영어와 스페인어 문장 부호의 3가지 주요 차이점
  https://www.thoughtco.com/introduction-to-spanish-punctuation-3080305
- 점자세상 www.braillekorea.org
- 전수태, 〈남북한 문장 부호 비교〉, 새국어생활 84 제12권 제4호(2002년 겨울)
- 한글과 컴퓨터 교정 부호
  https://help.hancom.com/hoffice/webhelp/9.0/ko_kr/hwp/view/proofreadmark.htm

2024년 9월 5일 1판 1쇄

글쓴이	김민영
그린이	지은
감수	이수연
편집	최일주, 이혜정, 홍연진
디자인	민트플라츠 송지연
제작	박흥기
마케팅	양현범, 이장열, 김지원
홍보	조민희
인쇄	코리아피앤피
제책	J&D바인텍

펴낸이	강맑실
펴낸곳	(주)사계절출판사
등록	제406-2003-034호
주소	(우)10881 경기도 파주시 회동길 252
전화	031)955-8588, 8558
전송	마케팅부 031)955-8595, 편집부 031)955-8596

홈페이지	www.sakyejul.net
전자우편	skj@sakyejul.com
페이스북	facebook.com/sakyejulkid
인스타그램	instagram.com/sakyejulkid
블로그	blog.naver.com/skjmail

ⓒ 김민영, 지은 2024

값은 뒤표지에 적혀 있습니다. 잘못 만든 책은 구입하신 서점에서 바꾸어 드립니다.
사계절출판사는 성장의 의미를 생각합니다. 사계절출판사는 독자 여러분의 의견에
늘 귀 기울이고 있습니다.

이 책은 저작권법에 따라 보호받는 저작물이므로 무단 전재와 복제를 금합니다.

ISBN 979-11-6981-222-1   73700